이스라엘 성지에서 드리는 기도

바실레아 슐링크

이스
열락

목차

CONTENTS

성지에 계신 예수님

살아 계신 여호와 예수님은 우리를 만나려고 지금도 성지에서 기다리신다. 상인들 소리로 왁자지껄한 오늘날의 십자가의 길(Via Dolorosa)에서, 십자가를 지셨던 예수님을 발견하기란 쉽지 않다. 지금의 기드론 골짜기에서도 예수님을 볼 수는 없다. 예수님이 고통당하신 장소에 세워진 건물이나 교회들을 볼 때 오래전의 기억을 되살리기란 쉽지 않다.

한때 예루살렘과 갈릴리에 살면서 말씀하시고 기적을 행하시며 고통을 받으셨던 예수님은 지금도 그 성지에서 우리를 기다리신다. 주님을 찾는 우리를 마음에 살아 계신 주 여호와로 그분 자신을 드러내기 원하신다. 공중 사역을 하셨던 곳에서 사람들에게 발견되기를 바라신다. 지금도 우리를 위로하시고, 우리 마음에 "회개하라 천국이 가까웠느니라"는 메시지를 전달하신다. 우리에게 자신의 고통을 가르치고, 우리를 십자가의 제자로 부르신다. 복 있는 사람의 비밀과 예수를 따르는 사람에게 열려 있는 놀라운 길에 대해서도 알려 주고 싶어 하신다. 우리 삶에서 자신의 권능을 드러내고 기적을 행하고 싶어 하신다. 우리가 그분의 사랑을 맛보게 되기를 열망하신다. 성지에 계신 예수님을 찾는 사람은 누구나 성경의 약속대로 그분을 발견하게 될 것이다. "너희가 온 마음으로 나를 구하면 나를 찾을 것이요 나를 만나리라"(렘 29:13).

당신이 예루살렘 성지에서 예수님을 발견하는 데 이 책자가 도움이 될 수 있길 바란다.

FINDING JESUS
AT THE HOLY PLACES TODAY

Today at the Holy Places Jesus is waiting for us to have a new encounter with Him, the living Lord, who is present in our midst. Normally we shall not find Jesus, the Cross-bearer, when we pass through the dense crowds in the Via Dolorosa where the cries of the shopkeepers fill the air. Nor shall we be likely to find Him as we make our way through the Valley of Kidron, which is assuming more and more the characteristics of our day. At times it will also be difficult for us to find Jesus at the sites of His sufferings, for the edifices or churches built over them give little or no impression of the events of long ago.

And yet this same Jesus, who once lived, spoke, performed miracles and suffered here in Jerusalem and Galilee, is waiting for us at these places. Today He yearns to reveal Himself again as the living Lord to human hearts that seek Him. Today He longs for people to find Him again at the sites that mark His earthly life. Today as long ago He seeks to comfort us. Today He longs to speak to our hearts with the message, "Repent, for the kingdom of heaven is at hand!" Today Jesus wants to reveal His sufferings to us and call us to be disciples of the cross. Today Jesus is waiting to speak to us about the secret of blessedness and about the wonderful and incomparable way open for His followers. Today Jesus yearns to demonstrate His power and work miracles in our lives. Today He wants us to taste His love. And whoever seeks the hidden Jesus at the Holy Places, believing the promise in the Word of God, "When you seek me with all your heart, I will be found by you"(Jeremiah 29:13b-14a) will find Him here.

May the following pages help to make each visit to the Holy Places an encounter with Jesus today.

만국교회

겟세마네 동산의 Holy Rock

만국교회 제단 앞 바위

내 아버지여 만일 할 만하시거든
이 잔을 내게서 지나가게 하옵소서
그러나 나의 원대로 마시옵고
아버지의 원대로 하옵소서(마 26:39).

O, Jesus, in the darkness of night and grief Thou didst utter these words of surrender and trust to God the Father. In gratitude and love I will say with Thee, in my hours of fear and distress, "My Father, I do not understand Thee, but I trust Thee."

예수님, 밤과 슬픔의 어둠 속에서 주님은 성부 하나님께 순복과 신뢰를 고백하셨습니다. 제가 공포와 고통 가운데 있을 때 감사와 사랑으로 고백하게 하소서. "하늘 아버지, 저는 주님을 이 해하지 못하나 주님을 신뢰합니다."

_겟세마네 동산의 고대 감람나무 아래 바위에 새겨진 글

겟세마네 - 만국교회

만국교회의 제단 앞에는 거대한 바위가 있는데, 예수님이 기도하시던 곳이다. 여기에서 과거의 일을 생각하다 보면 예수님을 만나게 된다.

예수님은 죽음에 대해 근심하며 기도하셨다. 사납게 날뛰는 짐승에게 공격받는 온순한 어린 양처럼 연약하면서도 용맹스러운 사자처럼 지옥, 곧 사탄과 죽음과 죄에 대항하셨다. 얼마나 열심히 기도하셨는지 핏방울 같은 땀을 흘리셨다. 생사를 건 싸움이었다. 하나님이 그토록 사랑하신 한 인간의 운명이 위태로운 상황이었다. 하나님의 열망은 인간을 사탄에서 구원하는 일이었다.

고뇌하던 예수님의 입에서 나온 말들이 하나님의 가슴에 사무쳤다. 예수님은 불신과 반항의 말이 아닌, 하나님이 허락하신 모든 고통에 대해 진심을 토로하셨다. "내 아버지여, 나의 원대로 마시옵고 아버지의 원대로 하옵소서." 예수님은 어린아이 같은 신뢰로 하나님의 뜻에 순복하셨다. 바로 이 무기로 사망의 권세를 물리치고 승리자가 되셨다.

사탄이 활개 치는 이 어두운 세상에서 고통과 두려움과 유혹이 우리를 에워싸고 있다. 그러나 우리가 예수님처럼 어린아이 같은 신뢰와 헌신으로 하나님의 뜻에 순복할 때, 우리는 살아 계신 주 여호와요 승리자이신 예수님을 발견할 수 있다. 예수님처럼 기도하는 것이 중요하다. "아버지여, 나의 원대로 마시옵고 아버지의 원대로 하옵소서." 이 기도에는 유혹과 고통을 이기는 권능이 있다.

배신의 동굴 입구

동굴 내부

제자들이 다 예수를 버리고 도망하니라(막 14:50).

Whosoever is daily prepared to lose his life will be faithful to Jesus
in the time of trial and will be able to give his life for Him.

매일 자신의 삶을 버릴 준비가 되어 있는 사람은 시험의 때에
예수님께 신실하며 예수님을 위해 자기의 삶을 바친다. _겟세마네 동산 입구의 반대편 벽에 적힌 글

배신의 동굴   '겟세마네의 동굴'로도 알려져 있음

THE CAVE OF BETRAYAL

  2

사도들이 잠을 잤던 곳이자 예수님을 배신한 가룟 유다가 로마 병사들과 체포하러 온 장소다.

여기에서 예수님을 어떻게 찾을 수 있을까? "너희가 나와 함께 한 시간도 이렇게 깨어 있을 수 없더냐"(마 26:40)라는 책망에 담긴 예수님의 애통에 귀 기울이자. 이 말에는 사랑하는 제자들에 대한 실망이 들어 있다. 우리는 예수님을 사랑하며 예수님의 마음에 있는 것들을 나누는 존재로 창조되었으나 예수님께 실망을 안겨 드렸다. 지금도 마찬가지다. 삶을 하나님께 헌신한 수많은 제자가 그분께 등을 돌리고 있다. 그리스도인이라는 사람들이 하나님을 욕되게 하며 심지어 신성모독까지 한다.

겟세마네 동굴에서는 이렇게 기도하면 좋겠다. "주 예수님, 우리는 주님을 실망시킬 때도 많고 주님의 사랑을 저버릴 때도 많습니다. 주님의 이름을 품은 저희가 주님께 상처를 입혔습니다. 주님께 실망 대신 기쁨과 평안을 드리고 매일 주님의 뜻에 순복하며 주님의 명령에 순종하는 자가 되게 하소서."

기드론 골짜기

Through Kidron Valley, Lord, You now go bound,
Where tears, distress and suffering abound.
You go alone, for none dares with You go.
The angels weep, their Maker's fate to know.
Who ever thanks You for this, dearest Lord?
Accept my ardent love for You outpoured.

사슬에 매인 채 기드론 골짜기를 지나신 주님,
그곳에는 눈물과 고통과 아픔이 가득합니다.
따르는 사람 하나 없이 홀로 가셨던 주님,
창조주의 운명 앞에 천사들도 슬피 울었습니다.
사랑의 주님께 감사드립니다.
제 모든 사랑을 받으소서.

기드론 골짜기

THE VALLEY OF KIDRON

이곳은 눈물의 골짜기다! 다윗은 많은 신하를 이끌고 자신의 아들 압살롬을 피해 예루살렘을 떠나 눈물을 흘리며 이 골짜기를 지났다. 그로부터 천년 뒤 예수님이 이곳을 지나셨다. 이때 예수님을 따르는 사람은 없었다. 제자들도 그분을 버렸다. 예수님은 다윗처럼 자유의 몸이 아니셨다. 몸이 사슬에 매인 채 잔혹한 병사들의 손에 이끌려 이 골짜기를 지나셨다.

기드론 골짜기에도 예수님의 마음이 담겨 있다. 측량할 수 없는 깊은 사랑이 가득하다. 권능과 위엄의 옷을 입으신 하늘과 땅의 통치자 예수님은 어린 양처럼 압제자들에게 순복하셨다. 자기의, 권력욕, 아집에 사로잡힌 우리를 해방시키기 위해서다. 예수님은 우리를 불행한 노예로 전락시킨 우리의 타락한 자아에서 구원을 이루셨다.

하나님의 자유인으로서 그분의 사랑의 마음에 자발적으로 순복하는 사람은 놀라운 성취와 인성의 개선을 경험할 것이다.

사슬에 매인 예수님이 우리에게 간청하신다. "어서 나를 따르라. 자발적인 사랑의 헌신과 고통도 감내하겠다는 마음으로 내게 오라." 감옥이든 사망이든 그분이 이끄시는 대로 따르겠다고 헌신할 때 우리는 영원을 소유한다. 넘치는 기쁨과 영원한 영광 속에서 예수님을 마음껏 누리는 것이다.

베드로통곡교회

주께서 돌이켜 베드로를 보시니
베드로가 주의 말씀 곧 닭 울기 전에
네가 세 번 나를 부인하리라 하심이 생각나서
밖에 나가서 심히 통곡하니라(눅 22:61-62).

Jesus, once filled with sorrow because of Peter's sin, is now gazing at us. He longs that we too might shed tears of repentance over our sins. The more we weep in contrition for having grieved Jesus, the more fervent our love for Him will be.

베드로의 죄 때문에 슬퍼하셨던 예수님이 우리를 바라보신다. 우리가 자신의 죄를 놓고 눈물로 회개하기를 바라신다. 예수님께 근심을 안겨 드린 일을 놓고 울 때, 그분을 향한 사랑이 더욱 커질 것이다.

_스칼라 산타(거룩한 계단)에 적힌 글

베드로통곡교회 - 갈리칸투

부인당하신 예수님의 슬픈 눈길이 베드로에게 향한다. 베드로의 불명예스러운 행동을 보는 예수님의 마음이 어떠했을까? 예수님은 그분께 고통을 가져다준 베드로를 바라보셨다. 예수님은 베드로를 거부하거나 그를 향한 기대를 버리지 않으셨다. 말할 수 없는 슬픔 속에서 그저 바라보셨다. 이 사랑과 슬픔의 눈길에는 능력이 있다. 베드로는 회개하여, 예수님을 사랑하는 새 사람이 되었다. 사랑은 회개를 낳는다. 회개하고 나면 어떠한 고통이든 달게 받겠다는 다짐이 생긴다. 이후 베드로는 십자가까지 달게 지겠다고 했다. 회개의 능력은 대단하다. 우리를 사랑으로 이끈다.

　베드로통곡교회에서 예수님의 눈길이 우리에게 미치도록 기도하자. 우리가 미처 깨닫지 못한, 하나님이나 사람에게 지은 죄가 있는지 보게 해 달라고 기도하자. 베드로도 처음에는 자신의 행동을 깨닫지 못했다. 악하고 사랑 없는 우리의 본성과 지은 죄에 대해 회개하며 깊이 통회하는 심령을 달라고 간구하자. 예수님을 향한 열렬한 사랑은 우리 안에 넘치는 기쁨을 주며, 예수님을 향한 삶으로 이끈다. 예수님을 위해 기꺼이 고통과 희생도 감수한다.

박석

사랑은…모든 것을 견디느니라(고전 13:7).

Jesus, the Son of God, reduced to the image of scorn and shame, looks at us entreatingly and asks us, "Who will stand here beside Me and choose My path? Who will respond with forgiving love when he is hurt and ill-treated? He will be blessed as My true disciple."

하나님의 독생자이신 예수님은 조롱과 수치를 받으셨다. 지금도 우리에게 외치신다. "누가 내 옆에 서며 내 길을 걷겠느냐? 상처와 모욕 속에도 누가 사랑으로 용서하겠느냐? 그런 사람은 내 참된 제자로 축복받을 것이다."

_박석 입구 오른쪽의 시온 수녀원에 있는 글

박석 - 리토스트로토스

이곳은 예수님이 가시면류관을 쓰고 조롱받으신 곳이다.

　이곳에서 어떻게 살아 계신 주 여호와를 발견할 수 있을까? 그분의 마음을 어떻게 찾을 수 있을까? 가시면류관을 쓰신 예수님을 영의 눈으로 바라보면 된다.

　저절로 입이 다물어지는 광경.

　하늘에서도 머리 숙여 가시면류관을 쓰신 어린양께 경배한다.

　인간의 표정에서 어찌 가능할까 싶을 만큼

　고통 속에 축복이 빛나며 사랑의 은혜가 얼굴에 가득하다.

　모든 만물을 창조하신 하나님의 독생자 예수 그리스도가 우리 앞에 가장 낮고 천한 모습으로 서 계신다. 조롱과 수치, 신성모독을 당하신 예수님은 권력이나 신하도 없는 왕이라고 조롱당하셨다. 사악한 인간으로 취급당하셨다. 그러나 수치와 조롱 속에도 그분은 위엄과 광채, 겸손한 사랑의 영광으로 빛나셨다. 그분을 조롱하는 모든 자들 앞에서 자신이 진정한 왕이라는 사실을 입증하신 것이다.

　예수님이 가신 길을 걸어갈 때, 왕이자 주 여호와이신 예수님을 발견할 수 있다. 우리가 담대하게 모욕과 불의의 길을 걸으면서도 사랑을 포기하지 않을 때, 하나님은 자신을 우리에게 나타내신다. 우리는 예수님 곁에서 그분의 임재를 누릴 수 있다.

채찍질교회

교회 내부

그가 채찍에 맞으므로 우리는 나음을 받았도다(사 53:5).

The Saviour, scourged for our sake, covered with wounds, promises us:In My wounds there is power to heal all who are enslaved by the desires of the flesh. If you call upon My name, I will set you free.

우리를 위해 채찍을 맞아 피투성이가 되신 구세주께서 하신 약속이다. "내가 입은 상처에는 육신의 욕망에 매인 자들을 치유하는 권능이 있나니, 내 이름을 부르는 자는 해방을 얻으리라."

_프란체스코 수도원 바깥벽에 있는 글

채찍질교회

이곳에서는 어떻게 예수님을 발견할까? 채찍과 주먹에 맞고 온몸이 피투성이가 된 예수님을 영의 눈으로 바라보자. 예수님은 어떻게 고통을 감내하셨을까? 예수님은 우리처럼 고통받아야 마땅한 죄인이 아니시다. 그러나 사랑으로 그 모든 고통을 견디셨다. 인간의 이해를 뛰어넘는 일이다. 예수님은 부정, 탐욕, 음란 같은 육신의 죄악들이 인류에게 가져온 고통을 알고 계신다. 그 결과는 왜곡된 인간성, 질병, 재난 등으로 나타난다. 육적인 죄는 영원한 지옥의 형벌을 가져온다. 예수님은 우리를 이 모든 죄에서 구원하시려고 채찍의 고통을 감내하면서 하나님의 성전인 자신의 정결한 몸을 주셨다.

　하나님의 구원을 받을 마음의 준비가 되어 있는가? 그 많은 죄를 끊기로 결심했는가? 모든 일은 우리의 결정에 달렸다. 이 땅에서 더럽혀진 몸을 어린양의 보혈로 깨끗이 씻지 않고 죄의 결박을 끊지 않는 사람은 영원한 수치와 부끄러움을 당할 것이다. 반대로 많은 사람이 영예와 영광을 입은 부활의 몸을 갖게 된다(단 12:2). 예수님의 은혜는 지금도 우리를 향해 있다. 우리를 구원하시려고 채찍에 맞고 기꺼이 흘리신 예수님의 보혈을 믿으면 구원이 찾아온다. 예수님은 모든 것을 새롭게 하신다.

선고교회

누구든지 나를 따라오려거든 자기를 부인하고
자기 십자가를 지고 나를 따를 것이니라(마 16:24).

Jesus is searching for someone who will humble himself as He did
and lovingly bear his cross. Will you be this disciple?

예수님은 겸손히 자신을 낮추고 사랑으로 자기 십자가를 질 사람을 찾으신다.
그분의 제자가 되겠는가?

_교회 벽에 새겨진 글

선고교회 십자가형이 내려진 곳

THE CHAPEL OF CONDEMNATION

모든 인류의 영원한 재판장께서 죄 많은 인간 앞에 서셨다. 예수님을 심판한 재판장은 하나님의 아들에게 감히 사형을 선고했다. 이곳에서 우리는 예수님과 그분의 마음을 발견한다. 예수님은 우리를 위해 가장 불공정한 판결을 받아들이셨다. 우리를 향한 사랑 때문에 모두 감내하셨다. 언젠가 우리도 하나님의 심판대 앞에서 영원한 지옥의 형벌을 받을지 모른다. 사랑의 예수님은 지옥의 형벌에서 우리를 구하려고, 우리를 위해 고통당하셨다.

예수님께 감사하자. 그분의 사랑과 구원을 믿고 그분 앞으로 우리 죄를 가져가자. 그러면 끔찍한 형벌을 면할 수 있다. 재판장이신 하나님 앞에 가서 그분이 베푸시는 사면을 받자. 하나님의 용서의 은혜를 받고 나면 예수님을 향한 사랑과 감사가 넘칠 것이다. 이제 기꺼이 자기 십자가를 지고 우리보다 먼저 십자가를 지신 구세주 예수님을 따를 수 있다. 예수님을 향한 사랑은 우리의 십자가를 가볍게 한다. 사랑을 하면, 사랑하는 자가 걷는 길에 동행하고 싶어진다.

십자가의 길(에케호모교회 앞)

왼쪽부터 갈보리 1, 3, 7, 8, 11처소

예수께서 자기의 십자가를 지시고
해골(히브리말로 골고다)이라 하는 곳에 나가시니(요 19:17).

Whoever belongs to Jesus cannot but follow the path He took,
for love is constrained to accompany Jesus on the way of the cross.

예수님께 속한 자는 그분이 가신 길을 따르지 않을 수 없다.
사랑은 그를 예수님의 십자가의 길로 인도한다.

_7처소에 있는 글

십자가의 길 - 비아 돌로로사

예수님은 이 길을 거쳐 갈보리 언덕으로 오르셨다. 어린 양처럼 말없이 인내하시며 무거운 십자가를 진 채 좁고 소란스러운 예루살렘의 골목을 지나셨다. 예수님이 십자가를 지고 가신 이 슬픔의 거리를 걷다 보면, 그분의 마음이 느껴진다. 그분의 입에서는 하나님에 대한 불평이나 호소, 한숨이나 반항의 말이 전혀 없었다. 예수님은 그분을 버린 사람들이나 그분을 조롱하는 사람들을 책망하지 않으셨다. 여전히 그들을 선하게 대하셨다.

모든 인간의 죄의 십자가를 지신 하나님의 어린양은 이런 마음이었다. "제게 십자가를 주시면 기꺼이 받겠습니다."

이 슬픔 가득한 길을 지나신 예수님은 자신의 몸을 십자가에 구별하여 드리는 십자가의 제자들을 원하신다. 구경꾼이 아니라 "예, 아버지!"라고 대답하며 자기 십자가를 지는 성실한 제자들을 찾으신다. 예수님을 바라보면서 영광의 푯대를 향해 인내하며 걷는 사람들을 찾으신다. 영원한 천국에서는 십자가를 진 사람들에게 왕관이 내려진다. 예수님께로 시선을 고정하면, 고통을 견딜힘이 생길 것이다.

성묘교회로 진입하는 십자가를 맨 무리

갈보리 12처소

그들이 예수를 맡으매 예수께서 자기의 십자가를 지시고
해골(히브리말로 골고다)이라 하는 곳에 나가시니(요 19:17-18).

We can only give Jesus thanks for His redemption when we choose to follow His path of love - love that does not shirk suffering, but sacrifices itself and even prays for its enemies.

예수님이 걸어가신 사랑의 길을 따르기로 선택할 때 비로소 우리는 그분의 구원에 참된 감사를 드릴 수 있다. 그 사랑은 고통을 회피하지 않으며 스스로 희생하며 원수를 위해 기도한다.

_십자가의 길 끝에 위치한 구속자교회(Church of the Redeemer) 벽에 있는 글

갈보리

성묘교회 안에 있음

CALVARY

갈보리 언덕에 십자가가 섰다. 그 위에는 우리와 우리의 죄를 위해 핍박당하신 하나님의 독생자가 고통 속에 매달려 계신다. 영원한 사랑이신 예수님은 인간의 증오 때문에 죽임을 당하셨다. 그러나 돌아가시는 순간에도 원수들의 악행에 대해 기도하셨다. "아버지 저들을 사하여 주옵소서 자기들이 하는 것을 알지 못함이니이다"(눅 23:34).

갈보리! 하늘 높이 십자가가 우뚝 섰다. 십자가는 사랑의 승리를 선포했다. 증오와 조롱, 핍박과 고통 속에도 결국 사랑은 살아남았다. 죽음의 순간에까지 사랑이 승리했으며 지옥과 사망의 왕국을 물리쳤다. 저주받은 나무는 생명나무가 되었다. 죄인들이 치유받고 사람들이 구원을 경험하고 새롭게 변하며, 어린양의 보혈로 온전해진다.

갈보리의 십자가! 그 놀라운 구원의 능력! 십자가는 하늘을 향한다. 십자가에 달리신 주 여호와를 믿는 죄인은 모두 영광의 나라에 오를 것이다. 십자가는 지옥까지 내려가서 지옥을 떨게 만들며, 십자가의 두 팔은 세계 끝까지 뻗어서 모든 죄인을 하나님이 계신 본향으로 불러 모은다.

은혜가 승리를 거두었다. 주님은 이제 그 승리를 우리 안에서 성취하기 원하신다. 우리가 구원받고 그분의 형상으로 변화되기를 갈망하신다. 모든 죄와 죄책감을 십자가에 내려놓자. 오직 십자가에서만 용서와 평안과 기쁨과 구원을 얻을 수 있다. 이제 우리는 사랑의 형상으로 변화된 새사람이다. 우리에게서 온유와 은혜와 사랑의 용서가 흘러나온다.

성묘교회

Yes, he whom Easter joy sets free
His heart cries out his Lord to see,
Though Satan loud may threaten.
My thankful heart the Victor knows,
Hails Jesus, Lord of all His foes,
For Jesus is the Victor!
For Christ, our Lord, is risen!

사탄의 위협 속에도
주 여호와를 전심으로 부르는 자는
부활의 기쁨을 얻으리.
내 마음은 승리의 주님을 아노니
모든 원수를 이기신 주 예수를 찬양하라.
예수님이 승리하셨다!
우리 주 그리스도께서 부활하셨다!

예수님의 무덤 위로 보이는 부활절의 태양

그리스도의 무덤 성묘교회 안에 있음

THE TOMB OF CHRIST

무덤으로도 가둘 수 없고 지옥과 사망보다 강하신 예수님이 이곳에 계신다. 예수님은 슬픔의 무덤에서 승리의 왕이 되셨다. 십자가에 달리신 여호와는 부활의 주 여호와가 되셨다. 원수 사탄을 이기셨다. 이후 흑암의 세력과 원수가 끊임없이 공격하지만, 예수님께는 승리뿐이다. 그분은 먼저 참된 성도들에게 승리를 주신다. 재림 뒤에는 온 열방을 통치하시며, 온 세계와 우주 가운데 진정한 승리자로서 새로운 세계를 만들고 의로 다스리신다.

사망의 고통이 가득한 무덤 위로 부활절의 태양이 떠오른다. 예수님은 햇살처럼 빛나는 얼굴로 우리 앞에 계신다. 부활의 주님이시다. 하늘과 땅의 모든 권세가 그분께 주어졌다. 예수님은 지옥과 흑암의 열쇠를 쥐고 계신다.

마지막 때에 승리의 왕이신 예수 그리스도가 오셔서 사탄의 권세를 영원히 물리치신다. 이미 우리는 전능하신 예수님의 권능을 목격하고 있다. 이 어둠의 시기에 사탄주의가 새로운 종교로 떠올랐고 사탄은 다양한 계략으로 우리를 위협하면서 우리를 죄의 속박에 묶고 있다. 예언대로 마지막 때에 흑암이 세상을 다스린다. 그러나 우리에게는 참된 권세를 지닌 예수님이 계시다. 이미 승리하신 예수의 이름을 부르는 자는 사탄과 죄의 권세에서 구원을 얻는다. 예수의 이름에는 승리가 있다. 우리를 제압하려고 애쓰는 원수 사탄은 쫓긴다. "예수님이 승리하셨다!"라고 기도할 때마다 우리는 사탄을 이긴다.

베데스다 못

예수께서 이르시되 일어나 네 자리를 들고 걸어가라 하시니(요 5:8).

Jesus is all-powerful, omnipotent. He always has ways and means to help you.

전능하신 예수님은 우리를 돕는 데 필요한
모든 방법과 수단을 언제나 갖고 계시다.

_발굴지에 있는 글

베데스다 못

이곳에는 의사이신 예수님이 계신다. 예수님은 많은 병자들 중 한 사람을 택하셨다. 여기에서 하나의 의문이 생긴다. 그 병자는 38년 동안 병을 앓았다. 그러나 죄 때문에 그의 영혼도 병이 들었다. 예수님의 말씀을 보자. "더 심한 것이 생기지 않게 다시는 죄를 범하지 말라"(요 5:14).

다른 병자들과 마찬가지로 이 사람은 두 가지 병으로 고통받았다. 육신의 고통과 영혼의 고통이다. 38년 동안 영혼의 병은 더욱 악화되었을 것이다. 과거의 죄에 대한 회개와 고통을 간직한 그는 불순종과 쓴 뿌리의 죄를 지었을 수도 있다. 예수님은 더 늦기 전에 그를 돕기 원하셨다. 육체적 질병보다 영혼의 질병이 더 심각함을 아셨기 때문이다.

예수님은 우리가 죄라는 암을 주의하기를 바라신다. 죄는 우리의 육체를 해칠 뿐 아니라 파멸로 이끈다. 우리는 예수님이 고치실 것을 확신하며, 우리 병을 그분께로 가져가야 한다. "수고하고 무거운 짐 진 자들아 다 내게로 오라 내가 너희를 쉬게 하리라"(마 11:28). 그러면 예수님의 평안을 경험할 수 있다. 그분은 우리 몸을 고치시고 내면에 위로와 평안을 주신다. 우리의 첫째 관심사는 질병보다 영이 죄에서 치유받는 것이 되어야 한다. 죄를 고백하고 예수님의 보혈로 정결케 되면, 아직 육체의 질병이 있더라도 그분의 용서와 위로와 격려 덕분에 새 힘을 얻는다. 예수님이 우리의 육신에 회복을 주지 않으시더라도 오히려 더 큰 기적을 경험한다. 의지를 완전히 굴복시키면, 예수님의 인내와 겸손과 사랑의 형상으로 변화되어 영원한 새 피조물이 된다.

눈물교회

가까이 오사 성을 보시고 우시며(눅 19:41).

The love of God is mourning.
O unfathomable grief!
God mourns that man, whom He created,
has strayed so far from Him.
Today in love He is calling - your Saviour Jesus Christ.
God is calling, calling, calling,
"Turn round and come back home today!"

비탄 속에 계신 사랑의 하나님,
상상을 뛰어넘는 슬픔!
자신이 창조한 피조물 때문에 울고 계신 그분.
그들은 하나님을 멀리 떠났다.
지금도 사랑으로 부르신다.
끊임없이 부르고 계신다.
"어서 집으로 돌아오라!"_교회 입구 반대편 벽에 적힌 글

눈물교회 창에서 바라본 골고다

눈물교회

DOMINUS FLEVIT

예루살렘 입성 전에 예수님이 도시를 바라보시면서 흘리신 눈물을 기념하기 위해 감람산 기슭에 세워진 교회다.

예수님이 흘리신 눈물과 그분의 마음을 생각해 보자. 예수님은 예루살렘을 보면서 긍휼의 마음으로 눈물을 흘리셨다. 예루살렘은 극심한 고통과 파멸 속에 있었다. 예수님은 앞으로 받을 조롱과 핍박과 십자가 때문에 우신 것이 아니다. 사랑하는 백성이 하늘에서 받을 심판 때문에 우셨다. 예수님은 백성을 자신의 나라로 초청하셨다. "회개하라, 삶을 바꾸라, 나를 따르라!" 그러나 백성은 부르심에 응답하지 않았다.

하나님은 그분의 심판대에 설 우리를 바라보시며 비탄에 빠지셨다. 우리를 사랑하기에 벌하시며 눈물 흘리신다. 우리가 그분의 경고를 무시하고 우리를 파멸로 이끄는 죄의 속박에 빠져 있을 때도 슬피 우신다. 그러나 우리가 회개하면 하늘도 크게 기뻐한다.

예수님의 마음은 지금도 눈물로 가득하다. 그러나 우리를 받아 주시려고 마음을 열고 계신다. 예수님은 우리가 죄를 고백하고 회개하며 죄의 결박을 끊고 완전히 벗어나 그분의 마음에 거하기를 기다리신다. 우리는 고통과 죄에서 구원과 위로를 받고 새로운 평안과 갱생을 경험한다. 이제 예수님의 눈물도 줄어들 것이다.

주기도문교회

종말에 대해 말씀하신 장소

너희 가운데서 하늘로 올려지신 이 예수는
하늘로 가심을 본 그대로 오시리라(행 1:11).

When the trumpet call sounds at midnight, only those whose hearts are turned to the sound will hear it.
They are people who love Jesus and wait expectantly for Him.

자정에 나팔 소리가 울릴 때, 마음이 그 소리를 향해 있는 사람만이 들을 수 있다.
그들은 예수 그리스도를 사랑하고 그분의 재림을 간절히 고대한다.

주기도문교회 감람산에 있음

THE ELEONA GROTTO

이곳에서 예수님은 종말에 대해 말씀하시고 승천하셨다.

이곳에서는 어떻게 예수님을 발견할까? 재림에 대한 예수님의 말씀을 믿음으로써 가능하다. 감람산에서 승천하시기 전에 예수님은 자신이 장차 능력과 영광 가운데 돌아오리라고 예언하셨다(마 24-25장). 예수님의 말씀에 따르면, 종말의 징조가 성취될 때 그분이 재림하신다. 종말의 징조란, 신실한 성도들이 온 열방에게 핍박과 미움을 받고 무법자가 세상을 통치하게 되는 것 등이다. 오늘날 인류는 음란, 폭력, 범죄 등을 저지르며 하나님의 명령과 계명에서 분리되어 있다. 그리스도인에 대한 핍박이 그 어느 때보다 두드러지며 위협도 많다. 예수님은 이렇게 말씀하셨다. "너희도 이 모든 일을 보거든 인자가 가까이 곧 문 앞에 이른 줄 알라"(마 24:33).

이제 곧 다시 오실 예수님께 감사드릴 때 예수님을 발견할 수 있다. 세상에 만연한 증오, 죄악, 공포, 위협, 고통은 최종 결과물이 아니다. 예수님은 광채와 영광 가운데 돌아오시며 열방을 통치하신다. 우리는 기쁨과 소망 속에서 목소리 높여 찬양할 것이다. "왕이 오신다. 온 세상의 통치자 예수 그리스도께서 오신다." 이 어두운 시대에서 기쁨의 소망을 붙든다면, 놀라운 평안이 찾아올 것이다. 모든 시험 속에서 예수님을 사랑하고 신뢰한다면 그분의 재림을 앞당기고 그분을 전심으로 맞이할 수 있다. 지금의 어려움은 마지막 때를 위한 준비의 시간이다.

베다니

몇 가지만 하든지 혹은 한 가지만이라도 족하니라
마리아는 이 좋은 편을 택하였으니 빼앗기지 아니하리라(눅 10:42).

To-day as in the past, th love of Jesus seeks a refuge where He is lovingly expected and where He can rest. He finds our hears are filled with distractions - people, work, our own interests. He longs for us to empty our hearts and lovingly receive Him.

지금도 사랑의 예수님은 사랑으로 그분을 갈망하는, 그분이 편히 쉴 수 있는 피난처를 찾으신다. 그러나 우리 마음은 다른 사람이나 일, 흥밋거리로 가득하다. 예수님은 우리가 마음을 비우고 사랑으로 그분을 영접하기 바라신다.   _성 프란체스코교회 입구에 있는 글

베다니

예수님은 사랑 가운데 그분을 우리에게 보이신다. 제자들에게 작별 인사를 하시면서, 그분을 사랑하는 자를 사랑하시며 그들 가운데 거하겠다고 하셨다. 베다니는 예수님께 매우 특별한 장소임에 틀림없다. "이는 내가 영원히 쉴 곳이라 내가 여기 거주할 것은 이를 원하였음이로다"(시 132:14)라는 말씀이 그대로 적용되는 곳이다.

예수님은 예루살렘에 가셨을 때 베다니의 마리아, 마르다, 나사로와 함께 거하셨을 것이다. 음모를 꾸미는 바리새인들 때문에 성에는 거할 수 없었다. 베다니에서 예수님은 자신을 사랑하며 간절히 기다리는 열린 마음을 보았다. 마리아는 모든 일을 제쳐 두었다. 예수님보다 중요한 것은 없었다. 예수님이 오시자 서둘러 그분께 가서 기꺼이 헌신했다. 마리아는 예수님께 완전히 사로잡혔다. 마리아의 눈과 귀는 예수님께 향했다. 영혼을 다해 예수님을 사랑했다. 예수님을 사랑하고 그분의 입에서 나오는 영생의 말씀을 듣는 것만이 중요했다. 예수님 역시 그분을 그토록 고대하는 이 사랑에 이끌려서 베다니로 서둘러 가셨을 것이다. 이곳의 사람들은 예수님을 사랑과 친절로 대했다. 결국 마리아, 마르다, 나사로는 예수님의 마음에서 특별한 자리를 차지했다.

우리는 예수님을 모실 우리 마음속의 베다니를 품어야 한다. 예수님이 이렇게 말씀하신다. "너희 마음이 나를 위한 베다니가 되게 하라. 나와 나의 재림을 사랑으로 고대하라. 그러면 내가 와서 네 마음을 집으로 삼으리라. 사람과 일과 세상의 것에 마음을 빼앗기지 마라. 마음을 비우고 나를 최고의 손님으로 영접하라. 사랑과 행복으로 네 갈망을 채우리라. 내 마음이 너의 사랑을 갈망한다. 내 갈망은 너를 방문하는 것이다."

나사로의 무덤 입구

나사로의 무덤

사망을 삼키고 이기리라.
사망아 너의 승리가 어디 있느냐?
사망아 네가 쏘는 것이 어디 있느냐?(고전 15:54-55)

The glory of God shall be seen by those who put their faith in Jesus in times of greatest distress and hopelessness; they are certain that He is greater than any distress, even greater than death itself!

극심한 고통과 소망이 없는 때에도 예수님을 신뢰하는 사람은 하나님의 영광을 볼 것이다. 하나님이 모든 고통보다 크시며, 심지어 사망보다도 크신 분임을 신뢰하기 때문이다.

_나사로의 무덤 전실(前室)에 있는 글

나사로의 무덤

15

예수님은 우리의 마음을 시험하신다. 그분은 마리아와 마르다의 간청에 응답하지 않으셨다. 도움이 절실할 때에 그들에게 가지 않으셨다. 죽음이 일어나게 두셨다. 왜 그러셨을까? "네가 믿으면…"(요 11:40). 예수님은 그들의 마음에 믿음을 불러일으키기 원하셨다. 믿음으로 승리를 얻도록, 예수님이 즉각적으로 도우셨을 때보다 더 큰 기적을 목도하도록 그렇게 하셨다. 그들은 하나님의 영광을 보았다. 하나님께 가까이 갈 때 일어나는 놀라운 일을 그들이 경험하기를 바라셨던 것이다. 그들은 예수님의 생명의 권세와 사랑의 능력을 그 어느 때보다 강하게 경험했다.

오늘날 예수님이 우리의 간청을 단번에 들어주시지 않을 때가 있다. 우리에게 실망만 주시고 멀리 계신 듯 보인다. 그러나 바로 그때도 주님은 우리를 사랑의 눈으로 바라보신다. 주님의 침묵에도 우리가 그분을 신뢰하는지 지켜보신다. 시험 중에도 끝까지 믿음을 지키면, 그분의 영광을 볼 것이다.

베들레헴 – 예수탄생기념교회의 예수님 탄생 지점

말씀이 육신이 되어 우리 가운데 거하시매(요 1:14).

When dark is the world today, this Child brings the world the light.

어두운 세상에, 한 아이가 세상에 빛으로 오나니.　　　　　_성 프란체스코 수도원 정원에 있는 글

베들레헴 - 예수탄생기념교회

작고 어두운 공간에 사람들이 가득하다. 여기에서 예수님이 태어나셨다. 그분은 모든 영혼을 죄와 죄의식, 공포, 고통, 절망에서 구원할 능력이 있으시다. 하나님의 독생자 예수는 우리를 도우려고 사랑으로 오셨다. 아기 예수는 말구유에 누이셨다. 이 어둡고 사악한 시대에서 살고 있는 우리는 주님을 경배하며 말구유 앞에 엎드릴 때 아기 예수를 발견한다. "여호와의 말씀이 육신을 입어 날 구원할 구주가 되셨도다 늘 감사한 찬송을 주 앞에 드려 엎드려 절하세, 엎드려 절하세, 구주 나셨네." 주님께 찬양과 경배를 드릴 때 그분이 살아 계시며 우리를 사랑하시고 고통과 두려움과 죄 속에 있는 우리를 도우신다는 것을 경험할 수 있다. 사랑하기 때문에 우리를 구원하려 육신을 입고 태어난 예수님은 우리를 위해 오신다. 그분의 사랑은 우리 위에 빛나며 우리 마음을 위로와 기쁨으로 채우고 모든 것을 새롭게 한다.

우리의 구세주, 주 여호와여,

우리가 주를 찬양합니다.

주를 사랑하고 경배합니다.

구원의 능력을 베푸소서.

라트룬의 엠마오교회

엠마오 – 아침이 오자

엠마오 – 모든 근심이 사라지고

엠마오 – 우리 마음이 불타오른다.

엠마오 – 모든 슬픔도 사라졌다.

엠마오 – 주 여호와께서 오셨다.

예수께서 우리와 떡을 떼러 오셨다.

_엠마오교회에 있는 글

Emmaus brings us an encouraging message. With Jesus not suffering, but joy is the final outcome, for just as Jesus drew near to the grief-stricken disciples and transformed their sorrow into love and joy, He will do the same today.

엠마오는 우리에게 격려의 메시지를 전한다. 예수님과 함께하면 고통 대신 기쁨을 얻는다. 예수님이 슬퍼하는 제자들을 찾아가셔서 그들의 슬픔을 사랑과 기쁨으로 바꾸셨듯이 오늘날 우리에게도 똑같이 하신다.

_라트룬의 엠마오교회 입구 반대편에 있는 글

엠마오

제자들은 예수님이 고통당하시고 심지어 십자가에 달리셨을 때도 그분을 버렸다. 그러나 사랑의 예수님은 부활한 뒤에 제자들을 찾아가셨다. 오래전 자신의 백성을 찾으셨던 예수님은 오늘도 의심과 질문이 가득한 우리를 찾으신다. 실망과 고통에 괴로워하며 하나님의 방법을 이해하지 못해 모든 것에 의미를 잃은 우리를 찾아오신다.

엠마오의 제자들이 묻는 질문에 대답하시며 의문을 제거해 주신 예수님은 오늘날 우리의 질문도 해결해 주신다. 그분의 삶으로 응답하신다. 그분의 고통은 필요한 일이었다. 이는 하나님의 영원한 계획 가운데 일부였다. 고통으로 놀라운 일을 행하시며 모든 이해를 뛰어넘는 영광에까지 이르셨다. 이는 장차 일어날 일의 전조다. 우리는 예수님이 고통으로 거두신 기쁨과 축복을 영원한 유업으로 얻는다.

고통은 최후 결과물이 아니다. 고통에는 깊은 의미가 있다. 하나님 사랑의 목적이 그 안에 담겨 있다. 우리의 고통은 결국 새로운 일, 충만한 은혜, 놀라운 기쁨, 깊은 평안을 가져올 것이다.

예수님은 우리에게 가까이 오셔서 우리가 걷는 길의 목적을 보이신다. 우리가 겪는 고통, 예수님과 함께 죽는 일에는 상급이 있다. 우리는 새로운 피조물이 되어 부활과 영원한 기쁨을 맛볼 것이다.

그리스도가 이런 고난을 받고 자기의 영광에 들어가야 할 것이 아니냐(눅 24:26).

세겜 야곱의 우물교회

Well of Truth and Well of Life
Jesus speaks truth to those who will hear.
But will we hear and draw upon grace?
Then life eternal is ours.

진리의 우물, 생명의 우물
들을 귀가 있는 자들에게 예수님이 진리를 말씀하신다.
그러나 누가 듣고 은혜를 얻겠는가?
우리에게 주시는 영생을 받으라.

_야곱의 우물 기념관에 있는 글

야곱의 우물

JACOB'S WELL

18

영원한 진리의 왕이신 예수님의 빛 앞에 서면 우리의 죄가 드러난다. 어둠
속에 빛이 비추면 병들고 추하고 어둡고 악한 모든 것이 보인다. 야곱의 우
물가에서 예수님은 한 여인과 대화를 나누셨다(요 4장). 예수님은 사랑으로
그 여인에게 진리를 가르치셨다. 먼저 물을 달라고 하신 뒤에 진리를 제시
했고, 여인이 받아들였다. 여인은 예수님을 만난 일을 마을 사람들에게 전
했다. 예수님이 죄인에게 진리를 선포하신 이 우물은 진리의 우물이 되었다.
"네게 영생을 주노라." 주님이 주시는 샘물은 영과 혼과 육을 통해 흘러서
인간의 마음에 평안과 기쁨과 힘과 생명과 사랑을 준다. 기꺼이 자기 죄를
인정하고 진리를 받아들이는 모든 사람에게 영생이 있다.

진리의 왕이신 예수님,
저를 구원으로 이끄는 주님의 진리를 말씀하소서. 진리를 듣고 제 죄를 주님
께 가져가며 사람들 앞에서 그 죄를 고백합니다. 주님의 말씀이 사실임을 믿습
니다. "아들이 너희를 자유롭게 하면 너희가 참으로 자유로우리라"(요 8:36)

수태고지교회

마리아가 이르되 주의 여종이오니 말씀대로 내게 이루어지이다(눅 1:38).

Upon hearing God's holy word,
The Virgin Mary responded
And humbly submitted to His high decree.
Because her love for God was pure,
She gave her will completely,
Consenting to His holy claim on her.

하나님의 거룩한 말씀을 듣자마자
동정녀 마리아는 대답했고
그 높으신 뜻에 겸손히 순복했다.
하나님을 향한 그녀의 사랑이 순수했기에
자신의 뜻을 온전히 주께 드렸으며
그분의 명령을 따랐다.

_수태고지교회 입구에 있는 글

나사렛 - 수태고지교회

천사장 가브리엘은 마리아에게 예수 그리스도의 탄생 소식을 전했다. 가브리엘은 하늘 보좌에서 내려와 처녀인 마리아에게 영원하신 하나님의 인사를 전달했다. 하늘과 땅의 거룩한 시간, 부르심과 선택의 시간이었다. 마리아는 하나님의 독생자의 어머니로 선택받았다. "성령이 네게 임하시고 지극히 높으신 이의 능력이 너를 덮으시리니 이러므로 나실 바 거룩한 이는 하나님의 아들이라 일컬어지리라"(눅 1:35)

어떻게 이런 일이 가능할까? 이제껏 아무도 겪지 못한 일이었다. 마리아는 부르심에 순응할까? 모두 불가능하다고 생각하는 길을 따를 것인가? 놀라운 일이 벌어졌다. 마리아는 부르심을 받아들였다. 이해할 수는 없었지만, 자신의 모든 존재로 하나님께, 그분의 뜻에 헌신하기로 한 것이다. 마리아가 동의하자 성령님이 내려오셔서 천사장 가브리엘을 통해 약속을 전달했고 하나님이 그 약속을 성취하셨다.

마리아는 하나님의 독생자 예수를 낳는 특권을 받았다. "여자 중에 네가 복이 있으며 네 태중의 아이도 복이 있도다"(눅 1:42). 우리 역시 엘리사벳과 함께 기뻐하며 주님께 "제 삶이 주님의 뜻과 인도하심에 무조건 순종하게 하소서"라고 기도할 수 있다. 그러면 예수님이 하신 말씀을 직접 경험하게 된다. "누구든지 하늘에 계신 내 아버지의 뜻대로 하는 자가 내 형제요 자매요 어머니이니라"(마 12:50). 예수님은 이런 사람에게 찾아오셔서 그의 기도와 깊은 갈망을 들으시고 사랑과 은혜를 베푸신다.

성 요셉교회 입구에 있는 요셉, 마리아, 예수

오히려 자기를 비워 종의 형체를 가지사 사람들과 같이 되셨고(빌 2:7).

No one on earth, with respect to his background and abilities, has ever been so misunderstood, unappreciated and degraded as Jesus, the Son of God, when He lived as a boy and carpenter in Nazareth. Whoever loves Jesus chooses His pathway.

하나님의 독생자 예수는 세상의 배경과 능력 때문에 오해받고 무시받았다. 그러나 예수를 사랑하는 자는 그분의 길을 선택한다.　　　　　_성 요셉교회 입구 근처에 있는 프란체스코 수도원 벽에 있는 글

나사렛 - 성 요셉교회

NAZARETH - THE CHURCH OF ST. JOSEPH

예수님은 목수의 아들이었다. 성 요셉교회는 이 성가족을 기념하는 곳이다. 예수님은 자신을 철저히 낮추셨다. 이곳에서 우리는 예수님의 고귀함과 영광, 그분의 숭고한 영, 그분의 아름다운 겸손을 본다. 베들레헴의 예수탄생기념교회에서 예수님은 인간의 아기로 누이셨고, 갈보리에서는 범죄자처럼 십자가에 달리셨다. 여기 나사렛에서도 그분의 겸손이 빛을 발한다. 초라한 나사렛에서 성장하신 예수님, 그 겸손함! 예수님께는 모든 지혜와 지식이 있었다. 하늘과 땅의 모든 것이 전능하신 그분을 통해 창조되었다. 모든 천사도 머리 숙여 그분을 경배한다. 그러나 하나님은 자신의 위엄과 권세를 버리고 목수의 아들이 되셨다. 서른 살까지 목수로 사셨다.

예수님은 우리에게 말씀하신다. "너희 몸을 낮추어라. 겸손하라. 그러면 나를 만나리라. 나를 알게 될 것이다. 그곳에서 너에게 나를 보이겠다. 나와 같이 되라. 낮고 겸손한 길을 택하라. 그리하면 너를 일으키리라. 영원히 나와 함께하리라!"

가나혼인잔치교회

하나님께서 나사렛 예수로 큰 권능과 기사와 표적을 너희 가운데서 베푸사
너희 앞에서 그를 증언하셨느니라(행 2:22).

Cana proclaims that Jesus is the Lord Almighty, who turns water into wine and who can still today, by one word, transform anything: sorrow into joy, and mountains of difficulties into straight paths. But do we bring our needs to Him?

가나는 예수님이 전능자 주 여호와임을 드러내는 사건이다. 예수님은 물을 포도주로 바꾸셨다. 지금도 말 한마디로 모든 것을 바꾸신다. 슬픔을 기쁨으로, 어려움을 곧은길로 바꾸신다. 우리는 그분께 필요를 가져가는가?

_교회에 있는 글

가나

CANA

가나는 예수님의 본성 중 한 단면을 보여 준다. 그는 30년 동안 농기구를 만들어서 사람들 집에 배달하기도 하고 묵묵히 목수의 아들로 살았다. 그러나 그분의 권세와 자비와 위엄은 그분의 겸손만큼이나 대단하다. 예수님이 처음 공중 사역을 시작하실 때, 놀라운 일이 일어났다. 예수님의 말 한마디에 물이 포도주로 변하는 기적이 벌어진 것이다.

예수님이 명령하면 그대로 이루어졌다! 전능하신 하나님의 독생자 예수님의 모습이다. 예수님은 모든 정신적 고통과 질병도 고치신다. 우리의 슬픔을 기쁨으로 바꾸신다. 우리 주 예수 그리스도는 모든 일을 하실 수 있다. 그분의 도움과 기적을 경험하는 길은 그분의 말씀을 마음에 받아들이는 것뿐이다. "너희에게 무슨 말씀을 하시든지 그대로 하라"(요 2:5)

변화산교회

그들 앞에서 변형되사 그 얼굴이 해같이 빛나며 옷이 빛과 같이 희어졌더라(마 17:2).
그와 같은 형상으로 변화하여 영광에서 영광에 이르니(고후 3:18).

The hour of Transfiguration came for Jesus when He was about to enter the night of suffering and death. As members of His Body, we can only receive the grace of transfiguration, which He has won for us, by following the same path - the pathway of humiliation and purification.

예수님이 고통과 사망의 어둠에 들어가자 변화의 시간이 찾아왔다. 그분의 몸에 참여한 우리는 겸손과 정결의 길을 따라 그 변화의 은혜를 경험한다. _변화산교회로 이어지는 길 왼편에 있는 글

다볼산

변화산은 우리에게 예수님의 위대한 영광을 알려 준다. 그분의 몸은 해처럼 빛났고 그분의 옷은 그분이 지닌 하나님의 광채로 가득했다. 변화산에서 하나님의 영광이 나타난 이후 예수님은 고통에 순응하셨다. 슬픔과 고통, 십자가로 이어지는 예루살렘으로 가는 길을 택하셨다. 예수님의 고통 뒤에는 거룩한 변화의 영광이 있었다.

고통에 헌신하자 변화가 일어났고 하나님의 영광이 빛났다. 변화산 사건은 슬픔이 영광으로 바뀌는 최후까지 예수님께 힘이 되었다. 다볼산에서 일어난 이 변화의 시간은 슬픔이 영광으로 변하는 일에 대한 보증이었다.

예수님은 전심으로 주께 헌신하고 고통에 참여하는 자에게 변화의 은혜를 약속하신다. 하나님은 우리를 고통의 길로 이끄시기 전에 변화산 사건을 경험하게 하신다. 슬픔의 계곡이 시작되기 전에 영광이 빛나게 하신다. 깊은 골짜기를 지나면 새로운 변화와 놀라운 기쁨이 찾아온다. 선하신 하나님은 우리의 슬픔을 기쁨으로 바꾸며, 우리를 그분의 영광과 축복으로 채우신다.

팔복교회

심령이 가난한 자는 복이 있나니 천국이 그들의 것임이요(마 5:3).

Who makes as happy, Jesus, as You?
Therefore, my heart rejoices in You,
Jesus, O Joy Eternal.
Kingdom of heaven shall truly begin
Where sinners are repenting of sin.
Jesus, O Joy Eternal.

참된 행복을 주시는 예수님.
제 마음이 주를 기뻐합니다.
영원한 기쁨이신 예수님.
하늘나라의 시작은
모든 죄인이 죄를 회개하는 것입니다.
영원한 기쁨이신 예수님.

_교회에서 순례자 숙소로 가는 길 오른편에 있는 글

팔복산

예수님은 우리가 행복하기를 바라신다. 예수님은 이곳에서 제자들에게 그분의 사랑을 부어 주셨다. 목소리를 높여 팔복을 선포하셨다. 하나님은 우리의 행복을 바라셨다. 그리고 예수님이 제시하신 길을 따르는 사람들에게 복이 있다고 하셨다. 참된 헌신으로 그분의 길을 따를 때 놀라운 기쁨과 축복이 임한다. 결국 예수님의 길을 따르는 사람은 복이 있다. 십자가와 슬픔의 길을 따르고 자기 권리를 포기함으로써 온유의 길을 따르며, 자신을 사랑으로 내어 주고 자기 삶을 포기함으로써 자비의 길을 따른다. 돈과 물질, 은사와 편안함, 인기와 인정을 포기하고 가난의 길을 따른다. 갑자기 위치가 달라진다. 원수의 그늘 아래 살던 사람이 부를 누리고 하나님의 은혜의 축복 속에 산다. 그들은 복 있는 자라 불린다. 주의 길을 택하는 사람은 이러한 일을 경험한다.

그러므로 가난과 온유와 자비를 갈망하라. 핍박과 비방과 슬픔을 환영하라. 이 길을 택하면 참된 행복을 주시는 예수님께 복 있는 자라 불릴 것이다. 또한 충만한 사랑과 은혜, 넘치는 부까지 누릴 수 있다.

오병이어교회

교회 안에 있는 오병이어 모자이크

예수님은 "떡 다섯 개와 물고기 두 마리를 가져오라"고 하셨다.
사람들은 모두 배불리 먹고 만족했다(마 14:15-21 참고).

Jesus, Love incarnate, is constrained to help wherever He sees His children in want and distress. But He waits for empty hands outstretched to Him, wherein He may lay His gifts.

사랑이신 예수님은 고통과 어려움에 처한 자녀들을 도우실 준비가 되어 있다. 다만 사람들이 주님께 빈손을 내밀어야 선물을 주실 수 있다.

_오병이어교회 입구에 있는 글

오병이어교회 - 타브가

이곳은 오병이어 기적이 일어난 장소다.

여기서 예수님은 능력과 영광을 보이셨다. 사랑이신 예수님은 후히 베푸신다. 떡 다섯 개와 물고기 두 마리로 수천 명을 배불리 먹이셨다.

살아 계신 주 여호와는 지금도 기적을 행하신다. 우리가 기적을 경험하기 바라신다. 단 두 가지 조건이 있다. 우선 그분의 사랑을 신뢰하고 그분의 전능함을 믿어야 한다. 그다음 우리의 마지막 소유물까지 사람들과 나눠야 한다. "주라 그리하면 너희에게 줄 것이니 곧 후히 되어 누르고 흔들어 넘치도록 하여 너희에게 안겨 주리라"(눅 6:38). 이 두 가지 조건을 지켜야 한다.

주의 말씀대로 행하면 그분의 약속을 경험할 수 있다. 많은 제자가 힘든 때에 자신의 필요를 가지고 주님께 나가서 믿음으로 도움을 구했을 때, 그분의 전능함을 경험했다. 인플레이션과 기근을 겪는 백성에게 주님은 그들이 적은 것에 만족하게 하시며 사랑으로 보살피신다. 어려운 시기를 겪는 우리에게 주님은 그분의 말을 신뢰하라고 말씀하신다.

베드로수위권교회

갈릴리 바다   베드로수위권교회
전경

내가 그물을 내리리이다(눅 5:5).

The deeds and miracles of Jesus are not actions of the past. Jesus is waiting for those who are still prepared to take risks at His word, because they trust His power utterly.

예수님의 행적과 기적들은 과거의 일이 아니다. 예수님은 그분의 능력을 신뢰하고 그분의 말씀에 위험을 감수할 사람들을 찾으신다.

_베드로수위권교회에 있는 글

베드로수위권교회 '멘사 크리스티'로 알려져 있음

SIMON PETER'S LANDING PLACE BY THE SEA OF GALILEE

주님은 영광의 주로 그분을 나타내신다. 그분의 말씀을 믿고 순종하는 사람은 누구든지 기적을 경험한다. 여기서 예수님은 어부의 상식에서 벗어나는 일을 명하셨다. 대낮에 그물을 던져 봐야 소용이 없었다. 그들은 부질없는 일이라 생각했다. 그러나 베드로의 지식과 경험, 기술은 중요하지 않았다. 예수님의 말씀이 중요했다. 베드로는 이해할 수 없는 그 말씀에 순종했다. "말씀대로 하겠다"라고 대답했다. 그러자 기적이 일어났다. 물고기가 그물에 가득했다.

일찍이 예수님은 갈릴리 바다에서 그분의 권능을 나타내셨다. 바람과 파도를 잠재우셨다. 이제 물고기들까지 예수님께 순종했다. 우리도 하나님의 기적을 경험할 수 있다. 예수님은 우리가 생각하기에 이치에 맞지 않아 보이는 일을 시키신다. 그러나 주님의 말씀에 기꺼이 순종하고 그분의 뜻에 삶을 바치겠다고 고백하는 사람은 기적을 경험할 것이다. 우리가 사는 마지막 때가 특히 중요하다. 우리가 세상과 상관없이 그분의 계명에 순종할 때, 하나님이 자신의 능력을 입증하실 것이다.

가버나움 회당

Lord Jesus Christ,

May your goodness always bring me to repentance and constrain me to put Your word into practice in my life. Grant that I may no longer grieve You, but bring joy to You by leading a life of discipleship and faith, which You can bless and use to glorify Your name. Amen.

주 예수 그리스도,

주님의 선하심이 저를 회개로 인도하며, 주님의 말씀을 행동으로 옮기기를 기도합니다. 더는 주님을 슬프시게 해 드리지 않고, 참된 제자와 믿음의 삶으로 주께 기쁨이 되기를 원합니다. 주님 이름의 영광을 위해 저를 축복하시고 사용하옵소서. 아멘.

가버나움

CAPERNAUM

예수님은 가버나움에서도 사셨다. 가버나움 사람들은 예수님의 설교를 듣고 그분이 행하신 기적도 많이 목격했다. 그런데 어찌하여 가버나움이 음부에 까지 낮아지게 되었는가?(마 11:23) 예수님의 말씀을 열심히 들었지만 회개하지 않았고, 하나님과 그분의 계명에 비추어 볼 때 선하지 않은 말과 행동을 돌이키지 않았기 때문이다.

특권에는 책임이 따른다. 하나님의 도우심, 그리고 기적 같은 하나님의 은혜와 계시를 경험한 사람이라면 그분의 말씀을 따르고, 선하지 않은 길에서 돌이켜야 한다. 그렇지 않으면 아무리 하나님의 은혜를 받은 자라도 쫓겨날 것이다. 그들 대신 낮고 멀리 있는 자를 일으키신다. 회당을 지었던 로마의 백부장을 보라. 그는 예수님의 말씀을 믿고 순종했다.

가버나움은 "말과 행동을 같이 하라!"고 우리에게 경고한다. 하나님의 뜻을 행하는 사람만이 하늘나라에 들어간다. 종교적 경험이나 방언, 병 고침, 기적 행함 같은 성령의 은사만으로는 하늘나라에 들어갈 수 없다. 자신을 철저히 죽이는 참 제자가 되어야 한다. 다시 말해, 죄의 속박을 완전히 끊고 모든 세상적인 굴레를 제거하며 끝까지 믿음의 싸움을 싸워야 한다. 그렇게 하는 사람은 하늘나라의 면류관을 얻을 것이다.

갈멜산 능선과 이스르엘 평야

엘리야기념교회 앞,
바알 선지자를 죽이는 엘리야 동상

엘리야기념교회

Mount Carmel challenges us
Be zealous and courageous for God, strive for His honour. With holy zeal hate even the smallest sin, that
no idol may ever be found in the inner sanctuary of your heart.

갈멜산의 도전

하나님 앞에서 열정과 용기를 가지라. 그분의 영광을 위해 싸우라. 가장 작은 죄에 대해서도
거룩한 분노로 맞서, 내면의 깊은 성전 안에서 그 어떤 우상도 찾을 수 없도록 하라.

갈멜산 대결의 현장 무흐라카에서의 기도

MOUNT CARMEL

거룩하신 하나님,

질투하시는 주님의 사랑으로, 그 사랑 안에서 주님 곁에 머물게 하려고, 무엇보다도 주님을 사랑하게 하시려고 저희를 지으셨습니다. 제가 주님의 첫 계명을 어기고 유일한 진리이신 하나님 곁에 스스로 우상을 만들었을 때 일어났던 결과를 보여 주소서. 주님의 빛을 저의 삶에 비추시고 진리를 보여 주셔서 저의 우상이 무엇인지 보게 해주소서. 제가 마음속에서 상실을 감당할 수 없을 정도로 집착하는 것이 무엇인지 보여 주시고, 제가 살고 있는 꿈의 세상을 보게 하소서. 주님보다 더 많이 제 생각을 채우는 것이 무엇인지 보여 주소서.

제가 주님의 영광과 질투하는 진노 앞에서 떨게 하시고, 그것으로 하여금 제 안에 버티고 있던 모든 우상을 불태우게 하소서. 그것을 남겨 두는 것은 주님의 거룩한 율법을 거스르는 것입니다.

주인 되신 예수님, 저의 우상을 주님 앞으로 가져옵니다. 주님의 십자가로 가져옵니다. 주님의 구원의 능력으로 이 모든 것을 부셔 버리도록 도우소서. 주님만을 위해 살겠습니다.

오직 주님께만 저의 사랑을 드리겠습니다. 아멘.

지은이 **바실레아 슐링크** M. Basilea Schlink

기독교 마리아 자매회의 창설자. 기독교 마리아 자매회(Evangelical Sisterhood of Mary)는 1947년 독일의 폐허가 된 다름슈타트(Darmstadt)에서 바실레아 슐링크와 여러 자매들이 인류 역사상 최대의 범죄인 유태인 학살을 저지른 나치의 땅, 독일에서 "회개"를 부르짖으며 1847년 선교 공동체로 정식 발족되었다. 이후 슐링크는 마리아 자매회의 마더로서 모든 쓸 것을 하나님께만 의지하는 믿음의 선교를 통해 사역을 이끌어 왔다. 하나님이 약속으로 주신 25 에이커에 이르는 토지를 믿음으로 취득하고 개간하는 노력을 한 끝에 현재의 가나안 땅을 일궈 아름다운 공동체를 이루었다.

　　말세가 가까이 왔음과 타락한 현 시대를 향해 선지자적인 경고를 하는 사역과 더불어 예수님의 신성을 무시하며 하나님을 대적하는 현대 문화와 뉴에이지 등에 맞서 기독교를 옹호하는 문화 사역을 하기도 했다. 마더 바실레아의 책은 100여권이 저술되어 60여권이 외국어로 번역 출판되었으며 마더 바실레아는 2001년 그녀의 나이 97세에 그토록 사모하던 영원한 주님의 품에 안겼다.

기독교 마리아 자매회(Evangelical Sisterhood of Mary)

독일 복음주의 루터교회에 속한 초교파적인 개신교 여성독신공동체로 하나님의 절대신뢰 가운데 의사가 결정되며, 운영되는 공동체이다. 각국의 헌신된 자매 200여명이 함께 모여 살면서 예수 그리스도의 신부로서 하나님 어린양의 길을 가기로 작정한 수도 공동체이다.

　　이들의 공동체 삶에 있어 그 출발은 회개이다. 세계2차 대전 때에 독일이 저지른 죄악들에 대한 회개운동으로 시작된 모임이 점차 현재의 공동체로 성장하게 되었다. 독일 가나안에는 예수고난 동산이 있어서 이들은 예수님의 고난을 묵상하면서 날마다 자신들의 죄를 회개하고 기도하기에 힘쓴다. 이렇게 시작되는 기도는 세계의 모든 나라들을 위해, 이 세상에서 일어나고 있는 모든 일들을 위한 그들의 중보기도의 힘으로 연결된다.

사진 제공 ⓒ 박영국 목사
동아대(B.A.)
총신대신학대학원(M.Div)
University of Holy Land(M.A.)

이스라엘 성지에서 드리는 기도

지은이 바실레아 슐링크
옮긴이 장태수
사 진 박영국

2010년 5월 18일 1판 1쇄 펴냄

펴낸이 김미라
펴낸곳 Israeli
출판등록 2010년 4월 22일
주소 서울시 서초구 방배본동 766-36 강남빌딩 501호
전화 02-575-1020, 010-9090-3618
전자우편 ddazii@hanmail.net, ddazii@gmail.com
홈페이지 www.kimission.com

ISBN 978-89-964414-1-0